DUDEN

Üben mit Lexi Deutsch 1/2

Richtig schreiben

Erarbeitet von
Hans Peters und Dr. Borghild Rehak

DUDEN PAETEC Schulbuchverlag
Berlin, Frankfurt a. M.

Inhaltsverzeichnis

 Deutlich sprechen

 Schreiben

 Verbinden

Doppelte Mitlaute

Verwandte finden

Verlängern

Nomen (Substantive)

Ankreuzen

Einkreisen

Zwei Mitlaute im Wortinneren

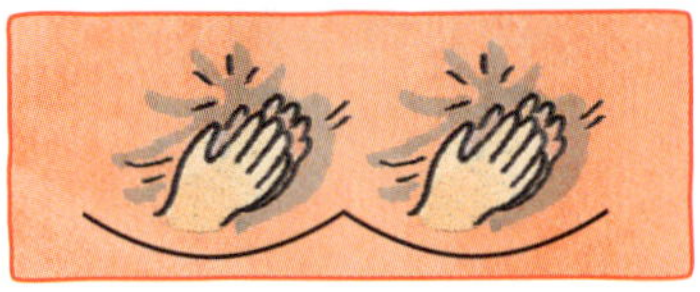

Kinder

Kiste

Winter

Bilder

Zapfen

Schalter

Hefte

Nelke

1 Sprich in Silben. Setze Silbenbögen.

Fal_t_er

Knöp__e

Pal__e

Ze__te

Wöl__e

Am__el

En__e

Wo__ke

Sti__te

He__me

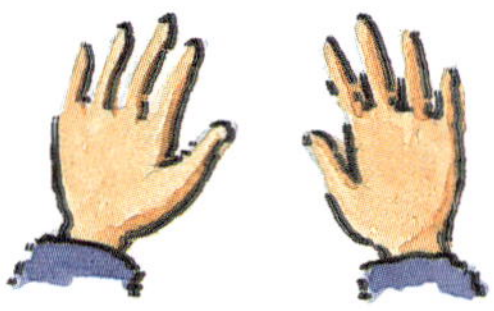
Hä__de

Tul__e

Pin__el

Ä__te

A__fel

Hun__e

2 Immer ein Mitlaut fehlt. Ergänze.

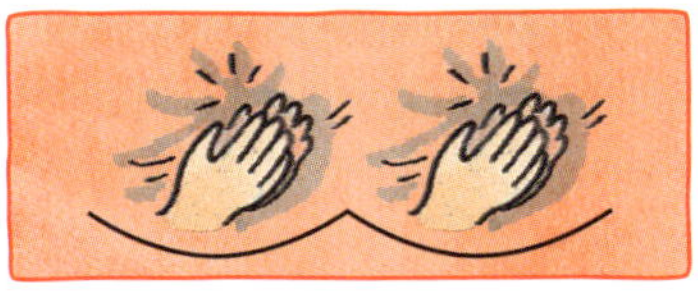

Zwei Mitlaute im Wortinneren

nt

Tinte

nd

R

1 Schreibe die Wörter. Gehe so vor:
- In Silben sprechen, Silbenbögen setzen
- Die 1. Silbe sprechen, Mitlaut am Ende eintragen
- Die 2. Silbe sprechen, Mitlaut am Anfang eintragen
- Wort aufschreiben, mit Silbenbögen kontrollieren

Zwei Mitlaute im Wortinneren

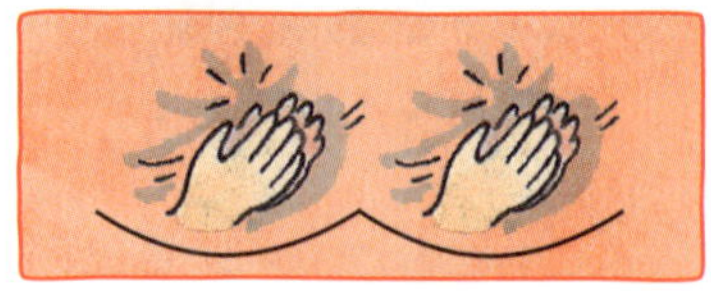

mp

lt

Lampe

Sch

1 Schreibe die Wörter. Gehe so vor:

- In Silben sprechen, Silbenbögen setzen
- Die 1. Silbe sprechen, Mitlaut am Ende eintragen
- Die 2. Silbe sprechen, Mitlaut am Anfang eintragen
- Wort aufschreiben, mit Silbenbögen kontrollieren

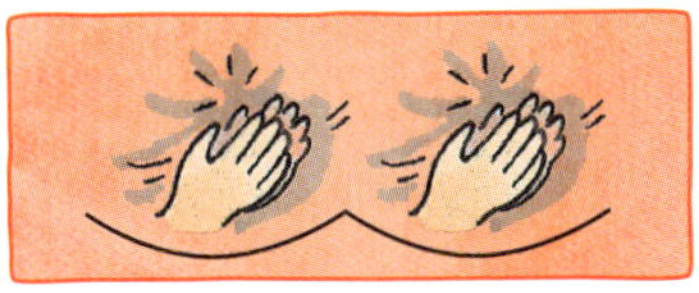

Das r, das man kaum hört

Kirche

Gurke

Karte

Kerze

Würfel

Birne

1 Sprich in Silben. Setze Silbenbögen.

rt — Karte

rk — ____________

rf — ____________

rch — ____________

rn — ____________

rz — ____________

2 Welches Wort von Nr. 1 passt? Schreibe die Wörter. Markiere **r**.

werfen	rn	____________
merken	rt	____________
turnen	rf	____________
warten	rk	____________

3 Sprich in Silben und verbinde. Schreibe die Wörter. Markiere **r**.

Das r, das man kaum hört

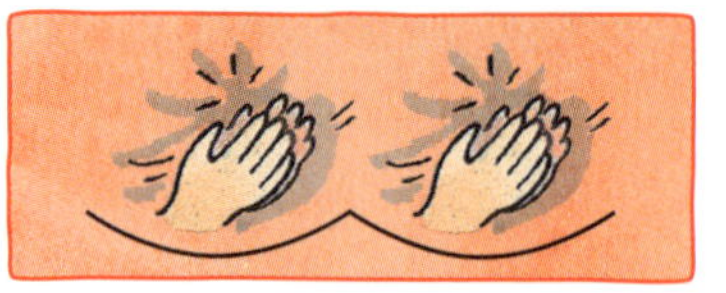

rk

Ferkel

rn

B

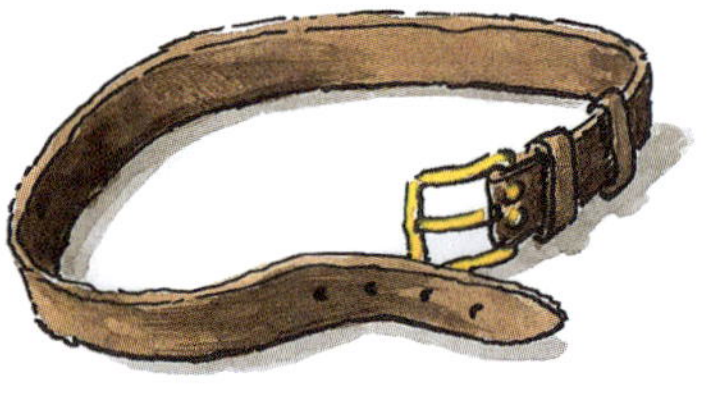

1 Schreibe die Wörter. Gehe so vor:

- In Silben sprechen, Silbenbögen setzen
- Die 1. Silbe sprechen, Mitlaut am Ende eintragen
- Die 2. Silbe sprechen, Mitlaut am Anfang eintragen
- Wort aufschreiben, mit Silbenbögen kontrollieren

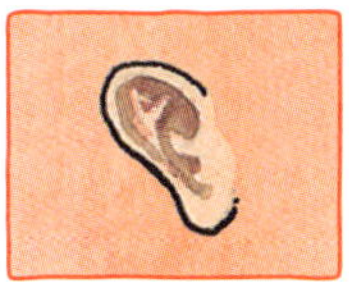

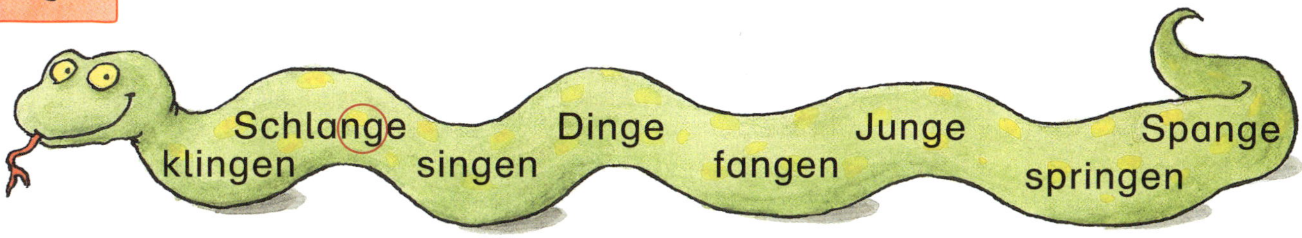

1 Sprich deutlich und kreise **ng** ein.

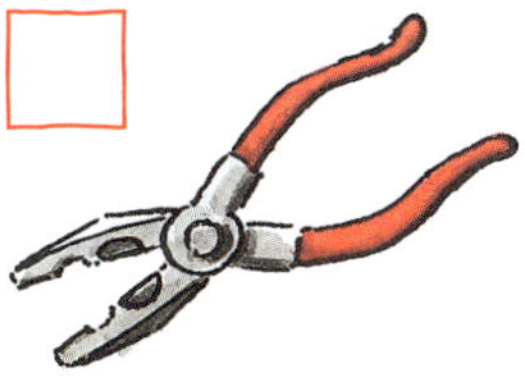

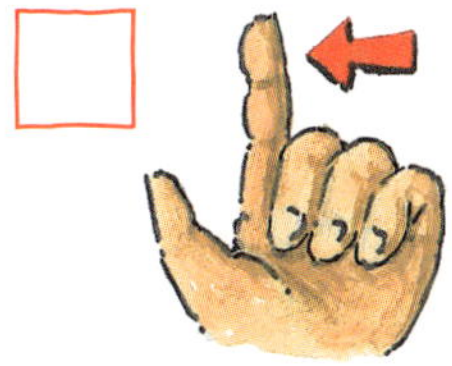

2 Kreuze die Bilder an, bei denen du **ng** hörst.

3 Schreibe die **ng**-Wörter auf. Kreise **ng** ein.

springen | die Klingel | singen | er springt | vorsingen | das Springseil | es klingt | klingen | du singst

4 In welches Haus gehören die Wörter? Trage die verwandten Wörter ein. Unterstreiche **ng.**

Wörter mit nk

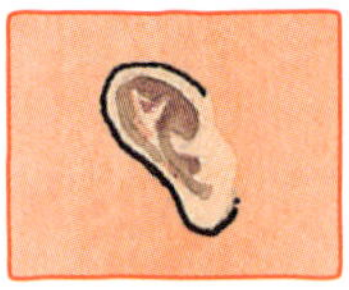

1 Sprich deutlich und kreise **nk** ein.

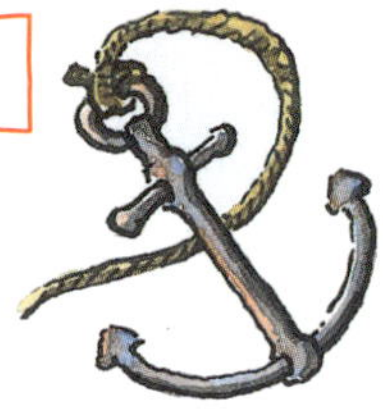

2 Kreuze die Bilder an, bei denen du **nk** hörst.

3 Schreibe die **nk**-Wörter auf. Kreise **nk** ein.

schenken | denken | er schenkt | stinken | gedenken

du denkst | es stinkt | das Geschenk | das Stinktier

4 In welches Haus gehören die Wörter? Trage die verwandten Wörter ein. Unterstreiche **nk.**

si_ng_en

tri_____en

spri_____en

wi_____en

de_____en

fa_____en

kli_____eln

sti_____en

le_____en

sche_____en

a_____eln

hi_____en

1 Ergänze **ng** oder **nk.**

Grundform	du-Form	er-Form
lenken	du lenkst	er lenkt
winken		
danken		

Grundform	du-Form	er-Form
springen		
singen		
bringen		

2 Bilde die du-Form und die er-Form. Unterstreiche die Wortstämme.

Der lange i-Laut als ie

K n ie

Merke

Der **lange i-Laut** wird fast immer **ie** geschrieben. das Kn**ie,** sp**ie**len

1 Kreuze die Wörter an, bei denen du den langen **i**-Laut hörst.

2 Schreibe die Wörter mit langem **i**-Laut auf. Beachte **ie.**

mit dem Ball sp_len	einen Euro f_nden
in den Urlaub fl_gen	im Bett l_gen
die Blumen g_ßen	auf der Bank s_tzen

3 Markiere das lange **i** mit einem Strich, das kurze **i** mit einem Punkt.

4 Schreibe die Verben mit langem **i**-Laut auf. Beachte **ie.**

K n ie

siegen

liegen______

fl______

lieben

s______

sch______

die Liege

die Fl______

die Z______

lieb

der D______

das S______

1 Schreibe die Reimwörter auf. Kreise **ie** ein.

die Fliege | lieben | der Brief | fliegen | verlieben

die Briefmarke | der Liebling | er fliegt | der Briefkasten

FLIEG	LIEB	BRIEF
______	______	______
______	______	______
______	______	______

2 In welches Haus gehören die Wörter? Trage die verwandten Wörter ein. Unterstreiche **ie.**

St st am Wortanfang

Stern

Merke

Hörst du am Wortanfang **scht**, schreibst du **st.** der **St**ern, **st**ehen

1 Welche Wörter haben am Anfang **St?** Verbinde.

Einzahl	**Mehrzahl**	**Einzahl**	**Mehrzahl**
der St iefel		der _____empel	
der _____ift		der _____ein	
der _____ern		der _____orch	
die _____raße		die _____ange	

2 Ergänze die Lückenwörter und schreibe die Mehrzahl dazu.
Kreise **St** ein.

ste	gen	strei	pern
stei	ßen	stol	peln
sto	hen	stem	chen

____

____

1 Verbinde die passenden Silben.

2 Schreibe die Verben auf und kreise **st** ein.

Er ______________________ hinauf.

Sie ______________________ auf.

Sie ______________________ den Zaun.

Er ______________________ seinen Namen.

3 Ergänze passende Verben mit **st.**

Es ist ein großer Vogel mit rotem Schnabel. ______________________

Im Sommer sonnen sich viele Leute dort. ______________________

Es ist ein Teil des Baumes. ______________________

Autos fahren darauf. ______________________

Man sitzt darauf. ______________________

Stamm | Storch | Straße | Strand | Stuhl

4 Löse das Rätsel.

Sp sp am Wortanfang

S p i n n e

Merke

Hörst du am Wortanfang **schp**, schreibst du **sp.** die **Sp**inne, **sp**ielen

1 Welche Wörter haben am Anfang **Sp?** Verbinde.

Einzahl	Mehrzahl	Einzahl	Mehrzahl
der _Sp_iegel		der _____aten	
das _____iel		der _____echt	
die _____ur		die _____ritze	
die _____ange		die _____inne	

2 Ergänze die Lückenwörter und schreibe die Mehrzahl dazu.
Kreise **Sp** ein.

Spinne

spa	len	spre	zen
spie	nen	spu	chen
spin	ren	spit	cken

1 Verbinde die passenden Silben.

2 Schreibe die Verben auf und kreise **sp** ein.

Er ______________________ Fußball.

Sie ______________________ ein Netz.

Sie ______________________ den Bleistift.

Es ______________________ .

3 Ergänze passende Verben mit **sp.**

Grundform	du-Form	er-Form
spielen	du spielst	er spielt
sparen		
springen		
spucken		

4 Bilde die du-Form und die er-Form. Unterstreiche die Wortstämme.

Lange und kurze Selbstlaute (Vokale)

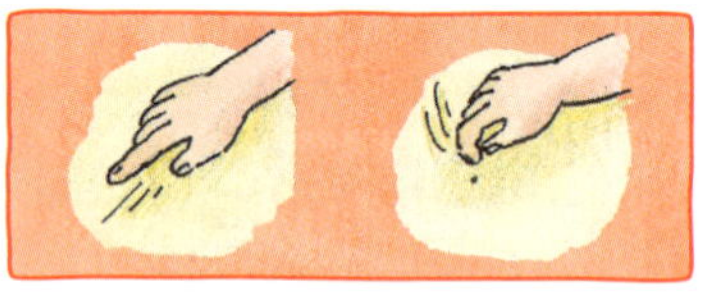

Wolke

Wolle

Krone

Puppe

Lupe

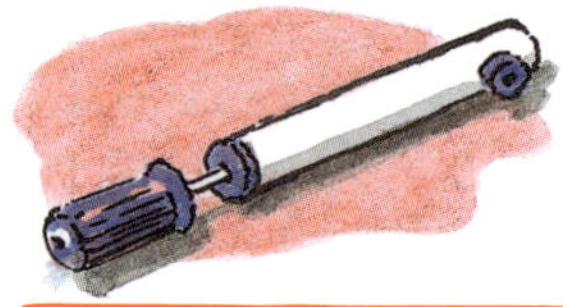
Pumpe

Tasse

Ast

Tanne

Tante

Ampel

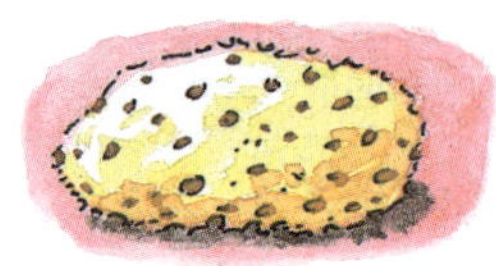
Schwamm

1. Markiere lange Selbstlaute mit einem Strich, kurze Selbstlaute mit einem Punkt.

2. Unterstreiche in den Wörtern mit kurzem Selbstlaut die Mitlaute, die nach dem Selbstlaut folgen.

Merke

Nach **kurzem** Selbstlaut folgen **zwei** Mitlaute. die Wolke, die Wolle

zwei verschiedene Mitlaute nach kurzem Selbstlaut	**zweimal derselbe Mitlaut nach kurzem Selbstlaut**
Wolke	Wolle

3. Ordne die Wörter von oben in die Tabelle ein. Unterstreiche die Mitlaute nach den kurzen Selbstlauten.

W o l k e   W o l l e

Merke

Hörst du nach einem kurzen Selbstlaut **nur einen Mitlaut**, schreibst du den Mitlaut **doppelt**. die Wolle, der Kamm

A_mp_el

Ha_mm_er

La____e

Ka____

Ta____e

Ta____e

Ki____er

Ki____

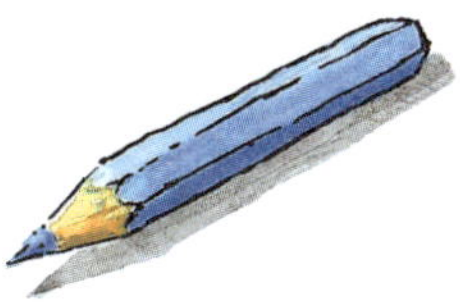
Sti____

Schi____

Pu____e

Pu____e

1 Zwei verschiedene Mitlaute oder ein doppelter Mitlaut? Setze ein.

2 Kreise die Mitlaute nach den Selbstlauten ein.
Prüfe, ob du immer zwei hast.

das Lamm

der ____________

die Klammer

der ____________

die Wanne

die ____________

die Tonne

die ____________

der Pfiff

das ____________

die Puppe

die ____________

3 Schreibe die Reimwörter auf.

Doppelte Mitlaute

Wolke Wolle

Ki__st__e

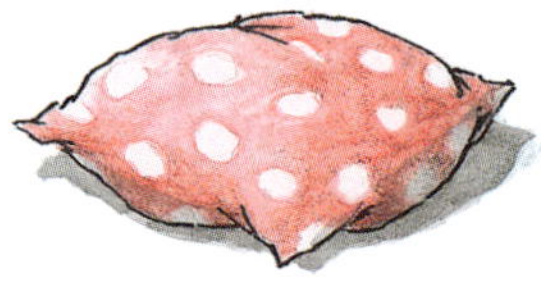
Ki__ss__en

Fa____

A____

Wo____e

Wo____e

Bri____e

Pi____e

E____e

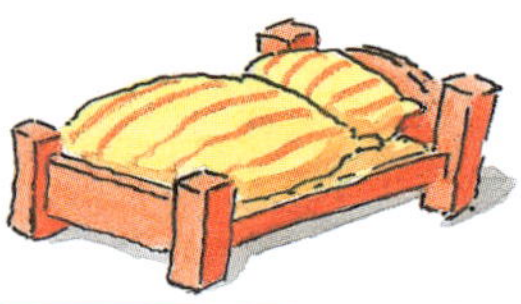
Be____

Ke____e

He____

1 Zwei verschiedene Mitlaute oder ein doppelter Mitlaut? Setze ein.

2 Kreise die Mitlaute nach den Selbstlauten ein.
Prüfe, ob du immer zwei hast.

die Kasse

die ____________

der Kuss

die ____________

der Keller

der ____________

der Knall

der ____________

die Rille

die ____________

das Wetter

die ____________

die Mutter

die ____________

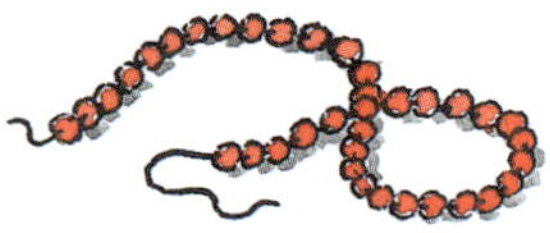
die Wette

die ____________

3 Schreibe die Reimwörter auf.

Wolke Wolle

e_ss_en

flü_st_ern

bre_____en

wa_____ern

schwi_____en

hu_____eln

fa_____en

kle_____ern

klo_____en

wi_____en

kna_____en

ha_____en

1 Zwei verschiedene Mitlaute oder ein doppelter Mitlaut? Setze ein.

2 Kreise die Mitlaute nach den Selbstlauten ein.
Prüfe, ob du immer zwei hast.

stimmen	müssen	messen	wetten
brummen	rollen	tippen	rennen

küssen ____________________ essen ____________________

brennen ____________________ retten ____________________

schwimmen ____________________ summen ____________________

wippen ____________________ wollen ____________________

3 Finde die Reimwörter und schreibe sie auf.

Der besondere doppelte Mitlaut ck

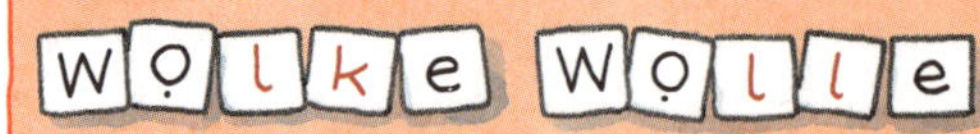

Merke

Hörst du nach einem kurzen Selbstlaut nur **k,** schreibst du **ck.**
der Zu**ck**er, pa**ck**en

Glo_ck_e

Hu_mm_el

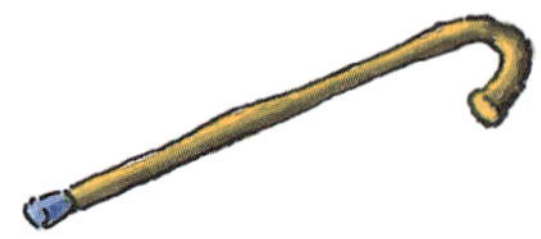

Sto____

Schne____e

Brü____e

Te____er

We____er

So____e

Ro____

De____e

Nu____

Bä____er

1 Setze die fehlenden Mitlaute ein und unterstreiche die Wörter mit **ck.**

lecken | das Backbuch | gucken | er leckt | das Guckloch
backen | du backst | ablecken | ich gucke

LECK	BACK	GUCK
____	____	____
____	____	____
____	____	____

2 In welches Haus gehören die Wörter? Trage die verwandten Wörter ein. Unterstreiche **ck.**

Wolke Wolle

Der besondere doppelte Mitlaut tz

Merke

Hörst du nach einem kurzen Selbstlaut nur **z,** schreibst du **tz.**
die Katze, sitzen

Katze

Sessel

Mü____e

Bli____

Bu____er

Scha____

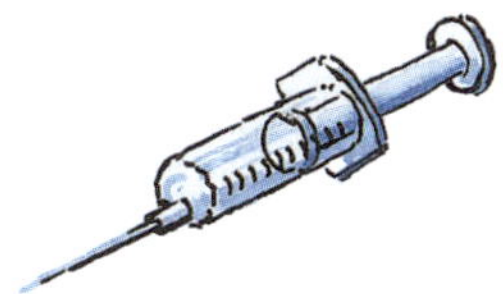
Spri____e

A____e

Pfü____e

Wi____e

Gla____e

Ki____

1 Setze die fehlenden Mitlaute ein und unterstreiche die Wörter mit **tz.**

sitzen	der Putzeimer	schützen	er putzt	der Rücksitz
putzen	ich sitze	beschützen	sie schützt	

SITZ	SCHÜTZ	PUTZ
____	____	____
____	____	____
____	____	____

2 In welches Haus gehören die Wörter? Trage die verwandten Wörter ein.
Unterstreiche **tz.**

e oder ä?

Merke

Schreibe **ä,** wenn es ein verwandtes Wort mit **a** gibt.
die Z**ä**hne – der Z**a**hn aber: die Z**e**lte – das Z**e**lt

die Schätze	der Zahn	die Nester	jagen
die Länder	der Schatz	die Männer	das Nest
die Zelte	das Land	das Rätsel	der Mann
die Zähne	das Zelt	die Jäger	raten

1 Verbinde verwandte Wörter.

Gibt es ein verwandtes Wort mit **a?**	Das verwandte Wort mit **a** heißt:	Also schreibe ich:
 ja [X] nein [ ]	das Gl**a**s	die Gl**ä**ser
 ja [ ] nein [X]	———	die H**e**rzen
 ja [ ] nein [ ]		
 ja [ ] nein [ ]		
 ja [ ] nein [ ]		
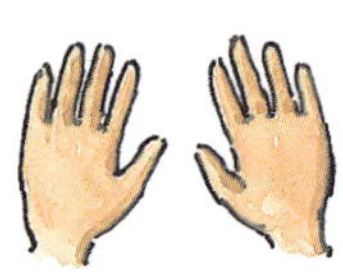 ja [ ] nein [ ]		
 ja [ ] nein [ ]		

2 Schreibe die Wörter zu den Bildern. Überlege: **e** oder **ä?**

leben	die Schale	kämmen	bellen
zählen	die Wahl	sie wäscht	alt
wählen	das Leben	er bellt	waschen
schälen	die Zahl	älter	der Kamm

1 Verbinde verwandte Wörter.

Gibt es ein verwandtes Wort mit **a?**			Das verwandte Wort mit **a** heißt:	Also schreibe ich:
sie z…hlt	ja X	nein	die Zahl	sie zählt
er b…llt	ja	nein X	———	er bellt
er schl…ft	ja	nein		
er f…llt	ja	nein		
erk…lten	ja	nein		
…nger	ja	nein		
l…nger	ja	nein		
w…rmer	ja	nein		
das H…md	ja	nein		
das Sch…fchen	ja	nein		

2 Schreibe die Wörter. Überlege: **e** oder **ä?**

eu oder äu?

Merke

Schreibe **äu,** wenn es ein verwandtes Wort mit **au** gibt.
die M**äu**se – die M**au**s   aber: die B**eu**len – die B**eu**le

die Zäune	der Baum	der Bräutigam	rauschen
die Kreuze	der Raum	die Häuser	die Eule
die Bäume	das Kreuz	die Eulen	die Braut
die Räume	der Zaun	das Geräusch	das Haus

1 Verbinde verwandte Wörter.

Gibt es ein verwandtes Wort mit **au?**	Das verwandte Wort mit **au** heißt:	Also schreibe ich:
 ja [X] nein [ ]	der Str**au**ß	die Str**äu**ße
 ja [ ] nein [X]	———	die L**eu**te
 ja [ ] nein [ ]		
 ja [ ] nein [ ]		
 ja [ ] nein [ ]		
 ja [ ] nein [ ]		
 ja [ ] nein [ ]		

2 Schreibe die Wörter zu den Bildern. Überlege: **eu** oder **äu?**

eu oder äu?

träumen	der Raum	freuen	die Haut
räumen	der Traum	häuten	die Freude
schäumen	das Geheul	säubern	laut
heulen	der Schaum	läuten	sauber

1 Verbinde verwandte Wörter.

Gibt es ein verwandtes Wort mit **au?**	Das verwandte Wort mit **au** heißt:	Also schreibe ich:
es sch_mt — ja ☒ nein ☐	der Schaum	es schäumt
er h_lt — ja ☐ nein ☒	———	er heult
es l_tet — ja ☐ nein ☐		
sie tr_mt — ja ☐ nein ☐		
er s_ft — ja ☐ nein ☐		
der L_fer — ja ☐ nein ☐		
der Fr_nd — ja ☐ nein ☐		
der T_fel — ja ☐ nein ☐		
der Verk_fer — ja ☐ nein ☐		
die Kr_ter — ja ☐ nein ☐		

2 Schreibe die Wörter. Überlege: **eu** oder **äu?**

d oder t am Wortende?

Merke

Verlängere das Wort, dann hörst du, ob du **am Ende** ein **d** oder **t** schreiben musst. der Hun**d** – die Hun**d**e, har**t** – der har**t**e Stein

der Wal_ – die Wäl_er

die Wan_ – die Wän_e

der Freun_ – die Freun_e

der Fein_ – die Fein_e

der Mon_ – die Mon_e

das Ba_ – die Bä_er

1 Sprich die Wörter deutlich. Was hörst du?

d oder **t?**	Ich verlängere und unterstreiche **d** oder **t.**	Also schreibe ich:
 das Ra_	die Rä<u>d</u>er	das Ra**d**
 der Hun_		
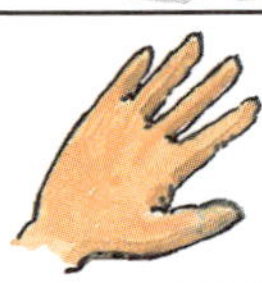 die Han_		
 das Bro_		
 das Pfer_		
 das Zel_		
 das Hef_		
 das Kin_		

2 Schreibe die Wörter. Überlege: **d** oder **t?**

d oder t am Wortende?

d oder **t?**	Ich verlängere und unterstreiche **d** oder **t.**	Also schreibe ich:
run	der runde Ball	rund
bun	die ____________ Farben	
gesun	das ____________ Obst	
wil	das ____________ Tier	
blö	der ____________ Witz	
wei	der ____________ Weg	
frem	das ____________ Gesicht	

1 Schreibe die Wörter. Überlege: **d** oder **t?**

das run_d_e Gesicht — Das Gesicht ist rund.

die blon___en Haare ______________________

die wil___e Katze ______________________

das gesun___e Essen ______________________

die bun___en Blätter ______________________

der al___e Baum ______________________

2 Ergänze **d** und **t.** Schreibe so wie im Beispiel.

b oder p, g oder k am Wortende?

Merke

Verlängere das Wort, dann hörst du, wie es **am Ende** geschrieben wird.
der Die**b** – die Die**b**e, der Ber**g** – die Ber**g**e, die Ban**k** – die Bän**k**e

der Flu… – die Flü…e

der Ta… – die Ta…e

klu… – der klu…e Hund

das Kal… – die Käl…er

das Sie… – die Sie…e

lie… – das lie…e Kind

1 Sprich die Wörter deutlich. Was hörst du?

b oder **p?**	Ich verlängere und unterstreiche **b** oder **p.**	Also schreibe ich:
 der Kor…	die Kör<u>b</u>e	der Kor**b**
 das Kal…		
 der Die…		

g oder **k?**	Ich verlängere und unterstreiche **g** oder **k.**	Also schreibe ich:
 der Zwer…		
 die Fabri…		
 die Bur…		
 der Ber…		

2 Schreibe die Wörter. Überlege: **b** oder **p? g** oder **k?**

Großschreibung von Nomen (Substantiven)

Merke

Wörter, für die es eine **Einzahl** und eine **Mehrzahl** gibt, sind **Nomen (Substantive).** Sie werden **großgeschrieben.**
der Besen – **die B**esen, **die B**lume – **die B**lumen, **das K**ind – **die K**inder

Einzahl	Mehrzahl	Einzahl	Mehrzahl
der Tisch		die Bank	
	die Felder	der Mann	
	die Fahrer		die Vögel
die Blume		die Tasche	
die Socke			die Affen

1 Ergänze die Einzahl oder Mehrzahl.

Merke

Zu jedem **Nomen (Substantiv)** gibt es einen passenden Begleiter (Artikel). Es gibt **bestimmte Artikel** und **unbestimmte Artikel.**
der Mann – **ein M**ann, **die F**rau – **eine F**rau, **das K**ind – **ein K**ind

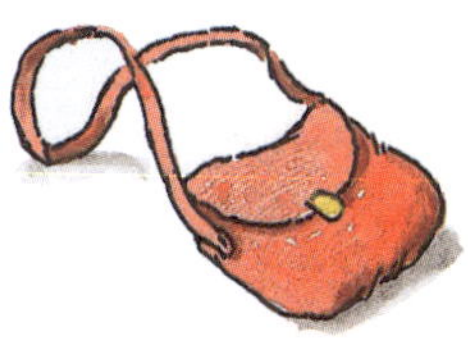

Junge	Igel	Tasche	Blume	Kraut	Haus

der Junge - ein Junge

2 Schreibe die Nomen (Substantive) mit dem bestimmten und dem unbestimmten Artikel auf.

Großschreibung von Nomen (Substantiven)

Merke

Wörter für Menschen, Tiere, Pflanzen und Dinge sind **Nomen (Substantive).** Sie werden **großgeschrieben.**
das **K**ind, das **S**chaf, die **B**lume, der **B**esen

die Frau	das Pferd	die Tulpe	der Bäcker
das Kamel	das Kind	der Pinsel	die Mücke
der Schuh	der Strauch	das Brot	der Kaktus

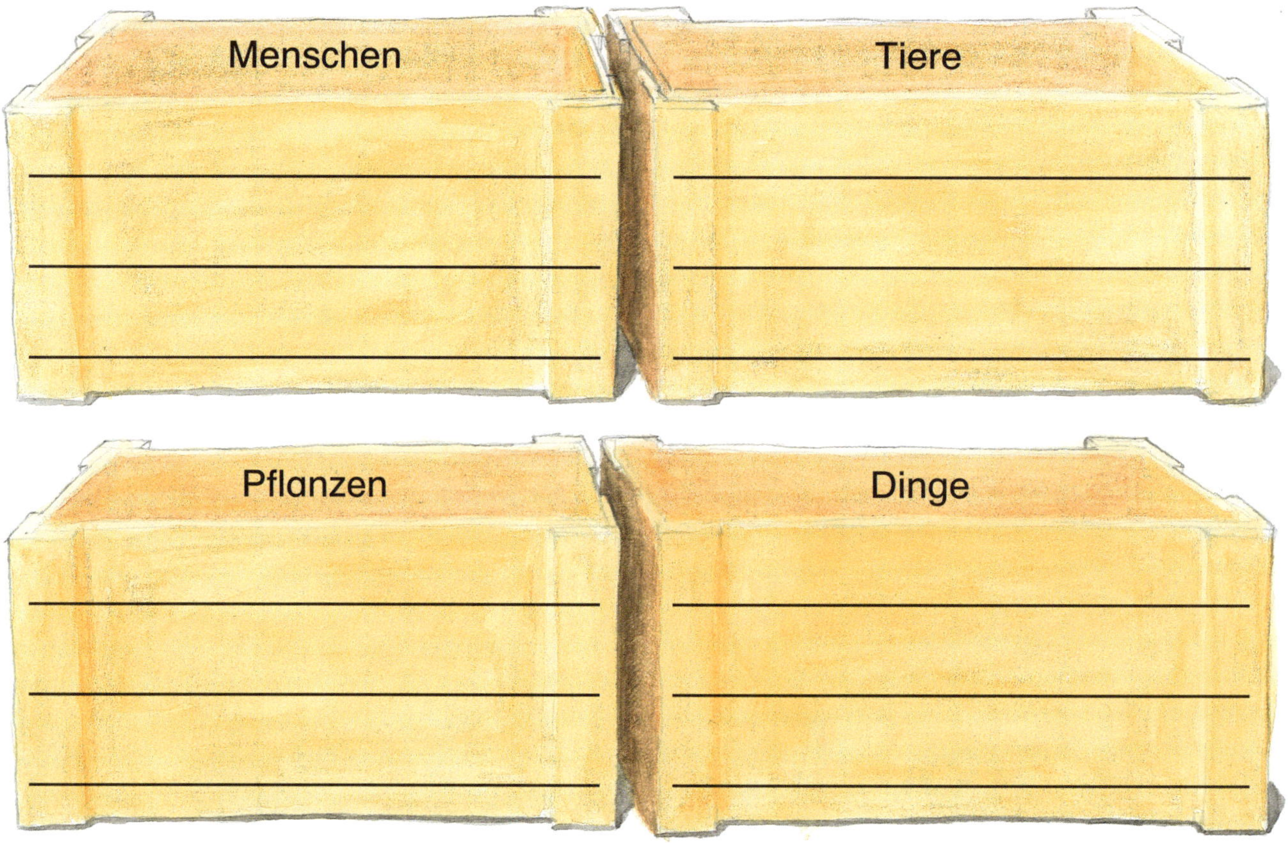

1 Schreibe die Nomen (Substantive) jeweils in die passende Kiste.

Die kinder aus der 2a gehen in den zirkus. An der kasse stehen viele menschen. Endlich sitzen die kinder in dem zirkuszelt. Zuerst tritt ein zauberer auf. Er verzaubert eine kugel in eine rose. Nun kommen die elefanten. Sie rollen einen baumstamm herum. Die zuschauer klatschen.

2 Unterstreiche im Text die Nomen (Substantive).

3 Schreibe den Text richtig in dein Heft.